PROCÉDÉS

DE

L'ADMINISTRATION ALGÉRIENNE

ET

LEURS DÉPLORABLES CONSÉQUENCES

NOTICE

REPOSANT SUR DES DOCUMENTS OFFICIELS INCONTESTABLES

PAR

J. B. TRÉMAUX - DEMONCHY

Il faut d'abord assurer à nos colonies une administration qui s'inspire des sentiments élevés d'ordre, de justice et de scrupuleuse équité, qui donne aux colons et aux indigènes la notion de leurs droits, en même temps que le respect de leurs devoirs.

BOULANGER,
Ministre des Colonies.

ALGER

LIBRAIRIE ADOLPHE JOURDAN

Imprimeur - Libraire - Éditeur

1894

PROCÉDÉS

DE

L'ADMINISTRATION ALGÉRIENNE

ET

LEURS DÉPLORABLES CONSÉQUENCES

NOTICE

REPOSANT SUR DES DOCUMENTS OFFICIELS INCONTESTABLES

PROCÉDÉS

DE

L'ADMINISTRATION ALGÉRIENNE

ET

LEURS DÉPLORABLES CONSÉQUENCES

NOTICE

REPOSANT SUR DES DOCUMENTS OFFICIELS INCONTESTABLES

PAR

J. B. TRÉMAUX-DEMONCHY

> Il faut d'abord assurer à nos colonies une administration qui s'inspire des sentiments élevés d'ordre, de justice et de scrupuleuse équité, qui donne aux colons et aux indigènes la notion de leurs droits, en même temps que le respect de leurs devoirs.
>
> **BOULANGER,**
> *Ministre des Colonies.*

ALGER

LIBRAIRIE ADOLPHE JOURDAN

Imprimeur - Libraire - Éditeur

1894

PROCÉDÉS
DE
L'ADMINISTRATION ALGÉRIENNE
ET
LEURS DÉPLORABLES CONSÉQUENCES

NOTICE
REPOSANT SUR DES DOCUMENTS OFFICIELS INCONTESTABLES

I

CE QUE VALENT LES ENGAGEMENTS DE L'ÉTAT DEVANT L'ADMINISTRATION ALGÉRIENNE

Loyale exécution des obligations d'un concessionnaire. — Inapplication des engagements de l'État. — Témoignages irrécusables. — Entraves et mauvais vouloir de l'Administration.

Je n'irai pas chercher, au loin, des exemples plus ou moins certains, la question de Tipasa étant parfaitement déterminée, par un décret, m'en fournira de très sûrs.

J'ai réclamé, pendant un tiers de siècle, l'application des dispositions rationnelles prises par le Gouvernement, en concédant le territoire de Tipasa, et durant ce tiers de siècle je me suis heurté au mauvais vouloir de l'Administration algérienne, dont les interprétations arbitraires sont allées jusqu'à s'imposer à des pouvoirs que tous nous voudrions voir impartiaux et dignes de notre respect.

Je tiens naturellement à laisser aux miens, à ceux qui doivent me succéder surtout, des indications succinctes, mais rigoureusement exactes, ne laissant planer aucun doute sur notre bon droit. Ce simple exposé sera en même temps une sorte de réquisitoire contre certains principes administratifs et la regrettable influence qu'ils exercent.

Pour atteindre ce but, je n'ai pas, heureusement, à entrer dans tous les détails de la lutte que j'ai eu à soutenir contre l'Administration locale; il me faudrait écrire plusieurs volumes; il suffira de montrer, en m'appuyant sur des documents et des appréciations d'une valeur incontestable, l'application des prescriptions du décret du 12 août 1854 inséré au *Moniteur universel* du 24.

Voici d'abord comment ont été observées les obligations respectives imposées à l'État et à M. Demonchy, mon beau-père, premier titulaire de la concession :

M. Demonchy était tenu de verser immédiatement au Trésor une somme de 20,000 francs jugée suffisante pour rendre disponible toute l'étendue concédée (art. 3 du décret et § 5 de l'exposé des motifs).

Il devait, en outre, créer à ses frais, sur l'emplacement de l'ancienne ville de Tipasa, un centre de population d'au moins cinquante feux, pourvus d'un lot de dix hectares chacun (art. 4 et 5).

Cette superficie de terre ayant été reconnue insuffisante pour une famille, leur nombre fut réduit par décret du 23 août 1859 à 40, qui reçurent du concessionnaire **125 hectares de plus que ne devaient en occuper les 50.**

Si on considère, ainsi que le dit le dernier décret précité, « que, déduction faite des terres affectées au » village pour être gratuitement distribuées, la conces- » sion ne se compose guère que de dunes et de terrains

» couverts de broussailles, d'une exploitation très » difficile et conséquemment d'une très faible valeur » vénale », on reconnaîtra que les charges imposées à M. Demonchy étaient lourdes, si lourdes même, que l'exposé des motifs de 1854, après avoir parlé du village obligatoire, se hâte de faire luire cette fiche de consolation éventuelle :

« Ensuite, la construction de la ville, véritable terrain » de la spéculation, **source unique des bénéfices qui » pourront être réalisés** » (§ 9).

Nous verrons bientôt ce qu'est devenue cette **source unique** des bénéfices sous l'influence néfaste de l'Administration algérienne ; il faut d'abord établir que, malgré des événements aussi malheureux qu'imprévus, les engagements du concessionnaire ont été loyalement remplis ; ce qui est, du reste, parfaitement démontré par l'accord que constate M. le ministre de l'Algérie dans le passage suivant de sa dépêche du 14 décembre 1860, à M. le préfet d'Alger :

« Il résulte de **votre dépêche du 27 août** dernier que » M. Demonchy fils, titulaire actuel de la concession, » par suite du décès de son père et de sa mère, morts » tous deux dans l'accomplissement de leur œuvre, a, » **dès aujourd'hui, suffisamment rempli les obligations » du cahier des charges pour obtenir un titre définitif » de propriété. M. le directeur des Domaines partageant » cette opinion,** il vous appartient, aux termes de » l'art. 9 du décret du 26 avril 1851, de prononcer l'affran- » chissement de la clause résolutoire. »

En effet, le concessionnaire avait, dès le 29 novembre 1854, versé 20,000 fr. au Trésor et il est de notoriété publique que le village était en cours d'exécution et que les colons furent mis en possession le 15 juillet 1859, ainsi que le constatent leurs acceptations.

De son côté, le Gouvernement s'était chargé des travaux publics suivants, dont l'exécution lui incombe habituellement :

« Art. 10. — Le Gouvernement se charge de tous les » travaux d'utilité publique à construire **dans le village,** » notamment de l'établissement des puits ou fontaines » qui seront nécessaires aux habitants et à leurs bes- » tiaux, de l'achèvement de la route de Marengo à » Tipasa, du nivellement des rues et places, confor- » mément au plan approuvé, ainsi qu'il a été dit plus » haut ; enfin des ouvrages qu'il jugera nécessaires à la » défense. Ces travaux, dont l'Administration se réserve » d'apprécier la nécessité et l'importance, **seront termi- » nés dans le même temps que la construction du » village.**

» Le Gouvernement pourvoira, en outre, s'il y a lieu, à » l'exécution d'un débarcadère et des ouvrages néces- » saires à l'amélioration du mouillage de Tipasa ; mais » il sera libre de fixer l'époque et l'importance de ces » travaux.

» Art. 11. — Le Gouvernement fera construire une » église et une école. En attendant l'achèvement de » ces constructions et aussitôt que trente familles seront » établies dans le village, il installera les services du » culte et de l'instruction publique dans les locaux que » le concessionnaire s'engage à mettre à sa disposition » moyennant un prix de location qui sera fixé de gré à » gré. »

En résumé, le Gouvernement s'est réservé de fixer l'époque des travaux maritimes, mais les autres devaient être terminés dans le même temps que la construction du village.

Il n'en a malheureusement pas été ainsi ; à la suite de nombreuses réclamations M. le Gouverneur général me répondait, le 8 février 1865, en ces termes :

« Je viens d'autoriser la **continuation** des travaux de

» la route jusqu'à concurrence du nouveau crédit de » 30,000 francs inscrit, à cet effet, au budget de 1865.

» Je m'empresserai de statuer, **si les ressources » budgétaires le permettent**, sur la partie de votre » réclamation relative à l'**alimentation du village**, dès » que les études prescrites dans ce but, au service des » Ponts et Chaussées, m'auront été transmises. »

Nous voici loin, déjà, du terme fixé et on ne parle encore que d'une route et d'eau potable... **si les ressources budgétaires le permettent!**

Des services du culte et de l'instruction publique, des édifices communaux, des nivellements, etc., il n'en est pas plus question que s'il s'agissait d'une faveur que l'on peut refuser. Là ne devait pas s'arrêter l'étrange quiétude de nos fonctionnaires ; leur mauvais vouloir devint si apparent que bon nombre de consciences honnêtes s'en émurent, aussi bien parmi les particuliers qu'au milieu de nos assemblées élues et je vais citer, ici, quelques-unes des manifestations qui se sont produites ; elles démontreront, mieux que je ne saurais le faire, moi-même, que l'Administration algérienne n'a pas plus de respect pour les engagements de l'État et pour elle-même, que pour les droits et les intérêts de ses administrés.

L'honorable docteur Warnier qui fut préfet et député du département d'Alger, et qui connaissait si bien toutes les questions algériennes écrivait publiquement ce qui suit en 1870 :

« Tipasa qui fut jadis une ville romaine de premier » ordre, aurait pu renaître rapidement à la vie, car cette » colonie possède de nombreux éléments de succès, si » le Gouvernement qui en a donné la concession à » M. Demonchy, avait rempli les engagements qu'il » avait pris. Ce concessionnaire y est mort à la peine » après y avoir engagé une belle fortune. Mme Demonchy, » femme d'énergie et de grand mérite, qui a continué

» l'entreprise de son mari, aurait peut-être réussi à » obtenir le concours promis ; malheureusement elle » fut subitement enlevée à sa famille et à sa création » par une fièvre pernicieuse. Aujourd'hui un des gendres » des deux fondateurs de la moderne Tipasa lutte » encore et rencontre les mêmes mauvais vouloirs que » ses prédécesseurs. »

Oui, je luttais déjà depuis dix ans et je lutte seul encore, parce que mon beau-frère aîné, qui en secondant sa mère, avait vu agir l'Administration algérienne, m'a refusé formellement de continuer avec moi l'entreprise de ses parents, pour n'être pas, de nouveau, en butte à des procédés devenus pour lui insupportables.

Voici, au surplus, des appréciations que personne ne saurait contester et qui ne sont pas moins expressives que les précédentes :

Le Conseil général ayant à se prononcer sur l'érection de Tipasa en commune, dans sa séance du **12 décembre 1874,** M. le Rapporteur termine ainsi :

« En conséquence, votre 4e commission vous propose » de laisser les choses en l'état jusqu'au jour où la » situation de ce centre se sera améliorée par suite de » **la création des établissements publics que le Gou-» vernement s'est engagé à créer aux termes de son » contrat avec M. Demonchy et qui n'existent point » encore.**

» Décider différemment que nous vous le proposons, » ce serait condamner la commune de Tipasa à l'immo-» bilité ou la réduire à la mendicité.

» M. le Président du Conseil demande à fournir quel-» ques renseignements : la situation de Tipasa est » excellente, ses terres sont bonnes, son climat salu-» bre, mais ce centre **manque totalement d'immeubles » communaux,** ainsi qu'il vient d'être dit par M. le Rap-» porteur ; si nous l'érigions en commune, il ne man-

» quera pas de réclamer du département des subven-
» tions pour créer **mairie, école, église, etc., etc.** Notre
» budget est trop restreint pour qu'il nous soit permis
» de venir ainsi en aide aux communes.

» Mais si le département ne peut rien faire, **l'État**
» **peut et doit faire.** Il s'était, du reste, engagé, il y a
» **vingt ans**, envers le concessionnaire de Tipasa,
» M. Demonchy, à exécuter tous les travaux nécessai-
» res; qu'il tienne sa promesse. Il dépense des sommes
» importantes pour créer de nouveaux villages en
» Kabylie; qu'il en dépense beaucoup moins pour empê-
» cher de mourir ceux qui sont créés depuis de longues
» années.

» Les conclusions du rapport sont adoptées. »

L'Administration algérienne pourrait-elle objecter qu'elle a été entravée par le pouvoir métropolitain? Assurément non; la fin de la dépêche ministérielle du **14** décembre **1860** montre que c'est l'inverse qui a eu lieu : « Je vous recommande, en terminant, disait M. le
» Ministre, de hâter, autant qu'il dépendra de vous,
» l'achèvement des travaux publics auxquels **l'État**
» **s'est engagé envers M. Demonchy. Il serait fâcheux**
» **que l'État montrât moins d'empressement que ce**
» **dernier à remplir ses obligations; c'est un point sur**
» **lequel j'appelle tout particulièrement votre atten-**
» **tion.** »

Or, on vient de voir l'effet produit par cet appel à la loyauté de nos fonctionnaires locaux.

Si un malheureux affamé volait un morceau de pain, il passerait en police correctionnelle; que fera-t-on de ceux qui, froidement, sans nécessité comme sans motif agissent de façon à ruiner toute une population honnête, qui n'a eu d'autre tort que d'avoir cru aux promesses de son Gouvernement, et quel accueil fera-t-on aux plus lésés qui demanderont justice?

L'extrait suivant d'une délibération du Conseil municipal de Tipasa, en date du 24 octobre **1886,** répond assez exactement à ces questions :

« En nous attribuant diverses dépenses d'un intérêt » régional et non pour nous seuls, M. le Gouverneur » général trouve que l'Administration a assez fait pour » Tipasa. Le Conseil municipal ne croit pas avoir à » entrer dans de semblables calculs; il a déjà dit et doit » affirmer de nouveau que l'État n'a pas rempli les » engagements que lui a imposés le décret du 12 août » 1854, et il est malheureusement en mesure de le » démontrer de la façon la plus péremptoire, car il est » de notoriété publique que **plusieurs de nos rues** » **étaient interceptées par des ravins profonds que** » **nous avons dû combler nous-mêmes; qu'actuelle-** » **ment encore les nivellements de nos boulevards sont** » **à peine commencés; que ceux de la place n'ont** » **jamais été entrepris; que nous n'avons pas une** » **goutte d'eau potable** dans un centre qui pourrait être » un des mieux pourvus de l'Algérie, etc. Mais M. le » Gouverneur général se préoccupe peu de cet incon- » testable état de choses; selon lui, un arrêt du Conseil » d'État aurait décidé en **1875** que toutes les promesses » faites avaient été réalisées et, cependant il ajoute » presque aussitôt, que c'est seulement en **1876** que les » **projets** des édifices communaux ont été **adoptés.**

» Il y a là un fait d'une haute gravité qui n'atteint pas » seulement notre modeste village, mais l'Algérie tout » entière.

» Comment, en 1875, les nivellements de notre centre » sont loin d'être achevés et notre alimentation en eau » potable n'est pas assurée, ainsi que le montre l'état » actuel des lieux; nos édifices communaux n'existaient » pas, comme le constate M. le Gouverneur général; » toutes ces choses formellement promises par le décret » de concession restaient à faire et le Conseil d'État » aurait décidé qu'elles étaient faites!

» A qui incomberait la responsabilité d'un aussi déplo-
» rable arrêt et où seraient les garanties offertes aux
» populations par la haute juridiction mise en cause?

» M. le Gouverneur général **insinue,** d'autre part, que
» les concessionnaires ont toujours cherché à échapper
» aux charges qui leur incombaient. Bien qu'un tel fait ne
» justifierait nullement l'abandon de l'Administration,
» le Conseil municipal doit faire remarquer que le plan
» de lotissement indique qu'il a été attribué au village
» une superficie de 839 hectares 38 ares 88 centiares,
» alors que les réserves faites au décret de 1854 ne s'éle-
» vaient qu'à 719 hectares environ, c'est-à-dire que les
» concessionnaires ont donné au moins 120 hectares de
» plus au centre réduit, par décret du 23 août 1859, à
» 40 feux, qu'ils ne devaient en donner à celui de 50. Ceci
» ne paraît pas être le fait de gens voulant échapper aux
» charges qui leur incombaient. »

Cette troisième tentative de notre premier Conseil municipal fut infructueuse comme celles qui l'avaient précédée, mais elle donne des indications qui méritent d'être retenues :

On voit d'abord, qu'en 1886, comme aujourd'hui, 35 ans après l'achèvement du village, diverses choses promises n'existaient pas et que l'Administration a ainsi empêché un développement qui devait être un dédommagement pour les concessionnaires et une cause de réussite pour les colons.

On voit aussi que malgré la démonstration répétée de cet **abus de confiance**, M. le Gouverneur général n'a pas craint de chercher à déverser les torts de son administration sur celui qui en a le plus souffert et qu'au lieu du trouble qu'il a cru semer au milieu de nous il n'a recueilli qu'une désapprobation aussi bien justifiée que méritée.

On voit enfin M. le Gouverneur général prétendre qu'un arrêt du Conseil d'État avait décidé que toutes les promesses faites avaient été réalisées et montrer aussitôt, lui-même, l'insanité de son allégation, d'ailleurs parfaitement évidente pour tous les habitants de Tipasa.

Ce qu'il y a de certain, mais que le Conseil municipal ignorait sans doute, c'est que ce haut fonctionnaire a soutenu et fait soutenir, entre autres énormités, cette incroyable affirmation devant le Conseil d'État, ainsi que l'établit le passage suivant de l'arrêt cité :

« Vu les observations du Ministre de l'Intérieur en » réponse à la communication qui lui a été donnée du » pourvoi ci-dessus visé ; lesdites observations enre- » gistrées comme ci-dessus, le 27 juillet 1874, **et tendant » au rejet de la requête par le motif que l'État a plei- » nement accompli toutes les obligations mises à sa » charge par le décret de concession ; ensemble la » dépêche du Gouverneur de l'Algérie transmise par » ledit Ministre A L'APPUI de ses observations.** »

Il est fort douteux que d'aussi indignes moyens de défense aient pu germer dans l'esprit de M. le Gouverneur général, mais qu'il les ait tolérés ou simplement couverts aveuglément de sa signature, ils n'en montrent pas moins le triste état moral de l'Administration algérienne et les dangers permanents que ses regrettables principes suspendent sur ses administrés et même sur les juridictions administratives ou autres, appelées à se prononcer.

On conçoit qu'un tel état de choses n'était pas de nature à faire progresser Tipasa, mais le manque d'une bonne voie de communication l'unissant à sa circonscription maritime n'a pas été une des moins sérieuses entraves :

Ce n'est que sept ans après la construction de notre village qu'une route fut ouverte de Marengo à son port naturel ; elle offrait une pente presque constante de cinq à six millimètres, malheureusement elle était coupée vers son milieu par le gué du Nador, d'un accès difficile et trop souvent infranchissable.

Par une pétition collective du 20 novembre 1864, les habitants de Tipasa ont présenté, pour ce point, un projet de pont-barrage qui aurait, à la fois, assuré la communication et résolu les questions d'alimentation et d'irrigation ; mais, comme tant d'autres propositions, elle fut repoussée.

Après avoir attendu un pont pendant seize nouvelles années, on en construisit trois qui nous infligèrent un excédant de parcours d'un kilomètre sur des déclivités de cinq à sept centimètres et cela, sous prétexte d'aller passer près du hameau agricole de Desaix situé sur un mamelon en dehors de la direction rationnelle de la route de l'ouest de la Mitidja au port et de celle d'Alger à Mostaganem, qui représentent, dans ces parages, les intérêts de premier et de second ordre, c'est-à-dire qu'un grand nombre de centres importants ont été sacrifiés sans profit appréciable pour le petit village de Desaix dont les prix de transport ne diminueront pas d'un centime alors que tous ceux de l'ouest de la Mitidja seront doublés par ces dispositions ineptes.

Un tronçon de route, en plaine, d'environ 550 mètres pourrait encore parer, en grande partie, à ce grave inconvénient ; mais mes réclamations de 1882, celles des habitants de Tipasa en 1883, les offres de participer aux faibles dépenses nécessaires, rien n'y fit ; l'Administration algérienne tient, paraît-il, à maintenir cet obstacle, cette sorte de montagne russe dressée maladroitement ou méchamment entre Tipasa et sa circonscription.

La force des choses pourra renverser un jour ces obstacles de pygmées, faire de Tipasa un centre important ; il n'en restera pas moins largement démontré que nous avons été pendant de longues années indignement frustrés.

Cela bien établi, j'arrive à un autre ordre de faits qui n'honorent pas plus l'Administration algérienne que ceux qui lui sont venus en aide.

II

VILLAGE OBLIGATOIRE ET VILLE ÉVENTUELLE

Accord de tous les pouvoirs administratifs pendant 30 ans. — Brusque revirement de l'Administration algérienne. — Arrêt du Conseil d'État. — Contradiction de la Cour d'appel d'Alger et situation anormale qui en résulterait.

Après avoir reconnu pendant 30 ans, comme tous les autres pouvoirs administratifs, que la ville n'avait rien d'obligatoire, l'Administration algérienne, cherchant à légitimer une de ses erreurs, prétendit tout à coup que ces réserves, évidemment éventuelles comme la ville elle-même, lui appartenaient.

Il est facile de montrer l'absurdité d'une telle prétention.

Lorsque le village fut achevé, les colons mis en possession de leurs lots et des terrains réservés pour leurs besoins communs, M. le Ministre, on l'a vu, reconnut, avec M. le **Directeur des Domaines** et M. le **Préfet d'Alger**, que le concessionnaire « avait **suffisamment** » **rempli les obligations du cahier des charges** pour » obtenir un titre définitif de propriété » et il invita ledit Préfet à prononcer l'affranchissement « de la clause » résolutoire », mesure qui fut prise le 29 décembre 1862.

De son côté, M. le Directeur général en annonçant à M. le Sous-Préfet de Blida, le 10 janvier 1861, qu'il donnait des ordres pour que les titres fussent préparés, il le priait de se concerter avec le concessionnaire au sujet de l'établissement du plan de la ville future ; « je désire, » ajoutait-il, être fixé par vous sur **la RÉSOLUTION de** » **M. Demonchy** à cet égard. »

Ainsi, il n'existait pas même un projet de ville et personne ne pouvait ni ne songeait à le lui imposer, lorsque tous ces hauts fonctionnaires ont reconnu que le concessionnaire avait **suffisamment rempli les obligations du cahier des charges** et que la délivrance de son titre définitif fut ordonné, c'est évidemment reconnaître que la ville éventuelle n'avait, comme je l'ai dit, absolument rien d'obligatoire.

L'exposé des motifs et le décret de concession justifient parfaitement, du reste, ces appréciations comme celles du Conseil d'État que je donne plus loin ; voici d'abord ce qu'on dit à l'exposé des motifs :

M. Demonchy en demandant la concession du territoire de Tipasa « propose à l'Administration (§ 4) de » construire sur ce point une ville d'**une importance** » **proportionnée au mouvement d'affaires qui pourra** » **se produire.** »

Et les §§ 6 et 7 répondent comme il suit à cette proposition :

« Il eût été difficile d'établir, dès à présent, un cahier » des charges obligatoires dans un délai déterminé pour » la construction d'une ville dont le développement, » plus ou moins rapide, est en définitive subordonné à » une foule de circonstances qui échappent aux prévisions les mieux établies.

» L'Administration s'est, en conséquence, bornée à » assurer, par des voies indirectes, la plus complète » exécution des projets de M. Demonchy. **ELLE NE** » **LUI IMPOSE QUE LA CONSTRUCTION ET LE**

» **PEUPLEMENT D'UN CENTRE AGRICOLE DE 50**
» **FEUX**; mais **en faisant dépendre exclusivement le**
» **bénéfice** de l'entreprise de la vente des maisons qui
» **pourront** être bâties en dehors de ce premier foyer de
» colonisation, **elle l'oblige évidemment** à tirer de l'en-
» semble du territoire concédé tout le parti que compor-
» teront les tendances de la population à se porter à
» Tipasa. »

J'appelle ici l'attention de M. Laynaud qui, dans cette affaire, n'a pas été mieux inspiré étant chef de bureau que comme directeur des Domaines :

Elle ne lui impose que la construction et le peuplement d'un village agricole de 50 feux! C'est formel! Et si la Préfecture et la Direction des Domaines, qui prétendent quintupler en 1884 les réserves nécessaires, avaient pu croire un instant que ces mêmes pouvoirs avec M. le Ministre, en 1860, et le Conseil d'État en 1875 s'étaient trompés, comment ont-elles osé maintenir leurs prétentions devant une telle déclaration?

Et comment la Cour d'appel s'est-elle crue obligée de soutenir des prétentions aussi nettement condamnées?

Car enfin, le doute leur était d'autant moins permis, à tous, que la situation formulée à l'exposé des motifs est parfaitement corroborée par le décret :

A l'art. 2, par exemple : « l'État ne fait réserve, dans
» l'emplacement même de Tipasa, que **DES TERRAINS**
» **QUI POURRONT ÊTRE NÉCESSAIRES.** »

Et il est dit à l'art. 4 : « Le concessionnaire créera à
» ses frais sur l'emplacement de l'ancienne ville de
» Tipasa un centre de population **d'au moins 50 feux.** »

Ce minimum pouvait, avec le temps, être peu ou beaucoup dépassé et c'est ce qui a motivé, à l'art. 2, la réserve **des terrains qui pourront être nécessaires.**

A l'art. 10 : « Le Gouvernement se charge de tous les
» travaux d'utilité publique à construire **DANS LE**
» **VILLAGE** », mais on ne trouve nulle part semblable

engagement pour la ville et cela se conçoit; il n'avait pas à promettre vis-à-vis d'agrandissements éventuels et même facultatifs, des travaux qui n'auront peut-être jamais leur raison d'être. Il ne faut pas, d'ailleurs, perdre de vue que « **par des voies indirectes, en faisant dépendre exclusivement les bénéfices** de la vente des maisons qui pourront être bâties en dehors du village », l'Administration supérieure « **oblige évidemment** » le concessionnaire à en assurer l'accès et à développer le centre autant que les circonstances le lui permettront. Elle a dû compter aussi sur l'intervention de la commune, appelée à profiter des ressources ainsi créées, pour améliorer la voirie, construire les édifices publics, etc. En somme, le Gouvernement avait pris des dispositions donnant libre cours à l'initiative privée et il était certainement loin de prévoir toutes les entraves que l'Administration algérienne devait accumuler sur sa route.

C'est encore en conformité de tout ce qui précède que l'art. 20 ne fait qu'au **futur** les réserves relatives à la ville, réserves qui seront réalisées **de droit** au fur et à mesure **qu'elles pourront être nécessaires**, ainsi que l'indique l'art. 2.

Enfin, l'art. 21 dispose d'abord que les terrains attribués à M. Demonchy, après prélèvement **des réserves de l'art. 2, seront affranchis de la clause résolutoire dès que 50 familles seront installées**. Or, quelles sont, dans ce moment précis, les réserves nécessaires? Ce sont, assurément, celles relatives au village.

La suite du même article n'est pas moins explicite :

« En cas d'inexécution totale ou partielle des obliga-
» tions par lui souscrites, il ne lui sera laissé **EN**
» **DEHORS des terrains affectés aux 50 familles de**
» **colons**, qu'autant de lots de **40 hectares** qu'il aura
» bâti et peuplé de maisons. »

Ainsi c'est bien **en dehors** des terrains affectés aux

50 familles de colons, il n'est cité aucune autre réserve à exclure, c'est évidemment reconnaître qu'il n'en existe plus d'obligatoire; il est même prouvé matériellement qu'il ne pouvait en exister.

En effet :

La concession totale étant de...............	2.672 h
Si on en déduit les réserves du village indiquées au décret................................	718 h
Il ne reste que........................	1.954 h
Or, si le concessionnaire n'avait installé que 49 familles, il aurait eu droit à 49 fois 40 hectares ou à..	1.960 h

Il est donc démontré de toutes parts, au décret, comme à l'exposé des motifs, que les réserves, autres que celles relatives au village, sont absolument éventuelles.

Mais ce n'est pas tout; la Direction des Domaines, la Préfecture et le Ministre ne sont pas les seuls pouvoirs qui se soient prononcés dans ce sens; voici comment s'exprime le Conseil d'État, **éminemment compétent** sur la matière, dans son arrêt du 19 décembre 1875 :

« Considérant que, s'il résulte de l'instruction et » notamment des termes de l'exposé des motifs qui » précède le décret du 12 août 1854, que la création » **éventuelle** d'une ville sur l'emplacement qu'occupait » l'ancienne cité romaine de Tipasa a pu être envisagée » comme **une source de bénéfices futurs** pour le con- » cessionnaire, **il est établi par le texte même du décret » que les engagements réciproques pris par l'État et » par le concessionnaire n'avaient en vue qu'un » SEUL OBJET : L'ÉTABLISSEMENT D'UN VILLAGE » DE 50 FEUX** réduit encore à 40 sur la demande du » concessionnaire par décret du 29 août 1859. »

Le concessionnaire, on l'a vu, a dû donner aux 40 feux

125 hectares de plus qu'il n'en devait aux 50, et c'est ce qui a motivé la réduction précitée, mais cela importe peu; l'essentiel c'est que le Conseil d'État, sans nier la ville ni les bénéfices qui pouvaient en résulter pour le concessionnaire, constate qu'elle est **éventuelle** et n'a pour celui-ci, comme pour l'État, rien d'obligatoire.

C'est ce que l'exposé des motifs et le décret de concession établissent, c'est ce que M. le Ministre de l'Algérie reconnaît en ordonnant la délivrance de notre titre définitif avant l'existence du projet de ville et c'est ce que l'Administration algérienne, elle-même, a admis d'une façon irrécusable en délivrant ce titre un an avant l'approbation du même projet.

Eh bien! c'est en présence de toutes ces preuves accumulées, que l'étrange revirement de l'Administration algérienne s'est produit et voici dans quelles circonstances :

Ouvrant la rue des Thermes, qui rattache le plus directement possible un quartier excentrique au village, j'ai eu des excédents de déblais considérables que j'ai portés dans une rue qui longe la petite plage de l'ouest et qui unit le même quartier, la douane et le phare au débarcadère et à la rue centrale du village. Pendant que je terminais cette intéressante voie par d'autres apports formant un total de plusieurs mille mètres cubes, un particulier vint pratiquer, jusque dans les talus de la rue en construction, des déblais profonds sous prétexte d'y puiser du sable pour ses besoins personnels; je lui fis remarquer le danger qu'offraient de semblables fouilles en le priant de ne pas les continuer, mais il se hâta de se faire délivrer par M. le Préfet, un permis de prendre du sable dans ces parages, et ne tenant plus désormais aucun compte de mes observations, je dus l'actionner.

L'Administration comprenant alors qu'il était irrationnel de permettre des déblais là où l'État m'a autorisé à faire des remblais, retira son permis, seulement elle avait affaire à un homme qui s'est frotté pendant quelque temps à la Cour de cassation comme avocat et qui l'appela en garantie. Elle hésita; fallait-il lui résister.... ou profiter de son concours pour couvrir la faute qu'elle avait commise en interprétant d'une nouvelle façon les dispositions du décret du 12 août 1854?

C'est à ce dernier parti qu'elle s'arrêta.

Mais il lui fallait trouver des moyens de défense, ce qui était autrement difficile qu'elle ne l'avait pensé d'abord.

La rue en construction, que je surélevais successivement depuis quelques années, portait en partie sur le domaine public maritime; ce domaine étant inaliénable, a dit l'Administration, n'avait pu m'être concédé; j'étais loin de le contester puisque je venais de désavouer judiciairement un défenseur qui avait, à mon insu, prétendu que j'étais propriétaire du rivage compris dans mon plan de ville approuvé.

Ce qu'il y a de certain c'est que le domaine maritime sera plus ou moins transformé à Tipasa comme dans toutes les villes maritimes du monde, et cela au grand profit de la navigation et des contrées voisines. Quant à mon plan de ville il ne me donne que le droit de me conformer aux dispositions adoptées sur le domaine maritime comme ailleurs, c'était indispensable mais suffisant pour préparer, dans la mesure du possible, les remblaiements considérables projetés dans ces parages tout en facilitant l'écoulement de nos excédents de déblais.

Feignant, alors, de confondre les **réserves éventuelles** de la ville facultative avec les **réserves obligatoires** du village, omettant ou dénaturant les passages de l'exposé des motifs et du décret, qui condamnent ses prétentions; contredisant MM. les Ministres et le Conseil d'État, se contredisant **elle-même,** l'Administration algérienne prétendit que toutes les réserves éventuelles de la ville lui appartenaient! Et n'osant guère me contester l'ébauche des terrassements qui m'incombent réellement puisque personne n'a mission d'assurer l'accès des maisons que je pourrai bâtir en dehors du village, elle me prêta l'idée invraisemblable de vouloir créer moi-même **les édifices publics** et **les digues du port!**

Cette supposition que rien ne justifie, est tellement extravagante, qu'on ne peut s'expliquer comment l'Administration a osé la formuler et on s'explique moins encore, qu'elle ait pu être prise au sérieux car elle ne démontre, évidemment, que la pauvreté des moyens qui pouvaient m'être opposés.

C'est donc avec quelques allégations de cette valeur que l'Administration s'est présentée devant les juges, pour soutenir ses prétentions sur les réserves éventuelles et protéger un destructeur de travaux très utiles autorisés par l'État.

Le tribunal de Blida n'osa pas trancher, il conclut à l'interprétation du décret par la juridiction administrative, tandis que la première Chambre de la Cour d'appel d'Alger, présidée par M. **Lourdeau**, donna gain de cause à l'Administration.

Mais ne trouvant pas, entre autres choses, que cette Chambre avait répondu à mes nombreux moyens, j'ai porté l'affaire en cassation et voici ce que cette Cour suprême dit à ce propos :

« Attendu que **les motifs de l'arrêt portent que le**
» **demandeur prétendit que c'était à lui qu'incombait**
» **la création des édifices publics**, des places, rues,
» **quais et digues** de la problématique cité de Tipasa,
» que cette prétention est aussi contraire au texte qu'à
» l'esprit du décret, **d'où il suit que l'arrêt n'a pas**
» **laissé sans réponse** le moyen fondé sur ce que **les**
» **réserves de l'État** ont un caractère purement éven-
» tuel et attendu qu'il est **clairement exprimé dans le**
» **décret** que les réserves atteignent, non pas le sol des
» boulevards, rues et places une fois établis, mais l'em-

» placement sur lequel ils doivent être établis **s'ils le** » **sont jamais.** »

Finalement elle rejette mon pourvoi.

On a vu ce qui est **CLAIREMENT exprimé dans le décret** et dans l'exposé des motifs, documents qui ont su convaincre tous les pouvoirs administratifs, pendant 30 ans, qu'il y a deux sortes de réserves ; les **nécessaires**, telles que celles relatives au village, dont on a pris immédiatement possession, et les éventuelles, prévues pour la ville future, qui ne devront être utilisées que si elles deviennent nécessaires. Les mots « **réserves de l'État** » sont donc notoirement insuffisants ; si la Cour avait voulu parler des premières, nous serions d'accord, si au contraire elle a entendu les appliquer à l'ensemble des réserves ou aux dernières, elle s'est mise en complète contradiction avec les pouvoirs précités dont elle n'a pas la compétence.

On voit encore que mon prétendu désir d'exécuter **à mes frais** tous les travaux publics qui incomberaient à l'État et à la Commune, a été enregistré avec soin, et que c'est la seule réponse que la Cour ait eu à m'opposer. Une telle pénurie de moyens est assez caractéristique pour se passer de commentaires.

J'en ai du reste assez dit pour démontrer, de la façon la plus péremptoire, que le conflit soulevé par le pouvoir judiciaire n'avait, en droit, aucune raison d'être ; voyons quelles seraient les conséquences et l'équité de cette récente interprétation.

C'est d'abord sur la foi du décret, de l'exposé des motifs et de leur interprétation par M. le Ministre de l'Algérie, après avis conforme de la Direction des Domaines et de la Préfecture d'Alger, que j'ai cru pouvoir dresser un vaste projet de ville, embrassant toute l'étendue de l'ancienne cité. Ce projet, rattaché avec soin au village déjà créé, assurait, en cas d'exécution partielle ou totale, un ensemble satisfaisant, sans présenter d'inconvénient, puisqu'il était parfaitement expliqué et admis que les nombreuses réserves indiquées n'étaient pas obligatoires, qu'elles resteraient conséquemment fictives jusqu'à ce qu'elles deviennent **nécessaires**, et qu'en attendant, ces réserves appartiennent au concessionnaire qui avait, préalablement, **rempli les obligations du cahier des charges** et obtenu son titre définitif de propriété avant qu'elles ne fussent adoptées.

Or, revenir sur les interprétations qui m'ont servi de base, dans cette circonstance, pour s'emparer des réserves éventuelles, constituerait un véritable vol de confiance sans profit aucun pour l'Administration !

Que deviendraient aussi les sages dispositions, prises par l'Administration supérieure, qui répondent si bien aux incertitudes de l'avenir? Elles feraient place au régime le plus insensé qu'on puisse concevoir ; l'initiative intéressée du concessionnaire, à laquelle le Gouvernement a fait appel, serait plus que jamais écrasée sous l'arbitraire et le mauvais vouloir dont elle a déjà tant eu à souffrir, et l'Administration algérienne, qui n'a rien fait pour favoriser la création de la ville future, prendrait pied pour empêcher de faire.

Il est, en effet, difficile d'admettre qu'elle exécuterait, en temps utile, des terrassements qu'elle n'a pas promis, alors qu'elle a fait attendre de longues années ou qu'elle n'a jamais exécuté ceux qui étaient formellement promis, par l'État, au village.

Comment disposerait-elle, au surplus, des réserves non utilisées? Il est impossible, avec un tel lotissement, de constituer deux propriétés ; l'une serait formée d'issues, l'autre n'en aurait pas, et les prescriptions du décret n'autoriseraient d'ailleurs pas cette combinaison. Que les rues, places et boulevards soient tracés ou simplement délimités, ils constitueraient d'éternels repaires d'ordures et d'insalubrité, ils seraient une cause de trouble pour tous, de destruction pour nos antiquités ; ce serait, en un mot, rétablir le chaos là où le touriste rencontre déjà, grâce à mes travaux et aux quelques fouilles que j'ai autorisées conditionnellement, une grande quantité de choses intéressantes.

Oui, des réserves immédiates étaient de rigueur pour le village obligatoire, on les comprendrait encore pour un quartier nouveau à établir aux abords d'une ville dont l'importance offrirait une garantie d'exécution à bref délai ; mais pour la ville éventuelle et facultative de Tipasa, projetée dans les broussailles qui avoisinaient un petit centre souffreteux, manquant des choses les plus essentielles à son existence, les réserves qui la concernent sont, naturellement, éventuelles comme elle-même ; et si l'Administration, qui a rendu illusoires les dédommagements qui nous étaient dus, quintuplait en échange nos charges réelles, ce serait absolument inique !

III

PLANS OBLIGATOIRES ET PLANS ARBITRAIRES

Nouvelle violation du décret. — Véracité d'un chef de service. — Crédulité persistante du Gouvernement général.

Les abus de pouvoir de notre Administration ne sont pas des cas isolés, ils sont malheureusement fréquents, voici de nouveaux exemples :

Aux termes des art. 4 et 5 du décret, les plans de village et d'allotissement doivent être établis par les soins du concessionnaire et soumis à l'approbation de l'Administration.

L'art. 6 dit aussi que le choix des colons et la désignation du lot de terrain et de la maison affectés à chaque colon appartient au concessionnaire, et que la concession du sol lui est faite par le Gouvernement au moyen d'un titre transmissible.

M. Demonchy se conformant exactement à ces prescriptions établit les plans avec l'aide d'un géomètre autorisé par l'Administration, et après avoir obtenu l'approbation préfectorale en juin 1859, il mit les colons en possession de leurs lots, le 15 juillet suivant, ainsi que l'indiquent leurs acceptations. Les réserves relatives au village obligatoire étant **nécessaires**, comme l'explique l'art. 2, avaient été préalablement délimitées et mises à la disposition de l'autorité. Enfin, la commission de vérification a constaté l'exécution de tous les travaux le 5 février 1860 et, à part un 2e emplacement de cimetière proposé sans utilité, comme sans droit, l'état d'allotissement qu'elle a dressé est absolument conforme aux plans du concessionnaire.

Celui-ci était donc en droit d'admettre que, de ce côté, aucune entrave ne saurait surgir ; mais là encore l'arbitraire administratif a su créer et prétendrait maintenir la situation la plus anormale qui se soit vue.

Au lieu d'envoyer à l'approbation ministérielle les plans mêmes du concessionnaire, ainsi que l'Administration aurait dû le faire, puisqu'elle jugeait cette formalité convenable, il fut fait en mars 1860 une copie erronée du plan du village et une réduction au 1/10,000, non moins erronée du plan d'allotissement, dans laquelle le service topographique et celui des Ponts et Chaussées se sont d'ailleurs permis d'introduire diverses modifications formellement interdites par les dispositions du décret de concession.

Or, ce sont ces productions infidèles, fantaisistes et conséquemment en **désaccord** avec l'état d'allotissement de la commission qui furent, **à notre insu**, soumises à la signature de M. le Ministre et que l'Administration prétend aujourd'hui substituer aux plans, légitimement établis et approuvés, qui ont servi de base à l'installation des colons de 1859 comme à ceux de 1878 !

C'était naturellement à ces plans primitifs que nous recourions chaque fois qu'il y avait doute sur les limites, nous n'en connaissions du reste pas d'autres, lorsqu'en 1883 l'acquéreur d'un lot urbain, muni d'un plan délivré par le service topographique lui attribuant un tiers de plus qu'aux autres, vint revendiquer judiciairement une grande partie du terrain et des constructions édifiées sur le lot voisin, conformément à la désignation primitive constatée par la commission de vérification.

Pressentant, dès lors, l'existence des plans irréguliers dont j'ai parlé plus haut, je fis part de la fâcheuse difficulté qui précède à M. le Gouverneur général, qui me répondit le 2 juin :

« J'ai l'honneur de vous informer que j'ai fait demander à M. le Géomètre en chef de la topographie des renseignements au sujet du plan du village de Tipasa dont il est question dans votre lettre du 1er mai dernier.

» Dès que ces renseignements me seront parvenus, j'examinerai la suite qu'il sera possible de donner à la demande que vous avez formulée en vue de faire cesser les contestations qui menacent de surgir entre certains propriétaires de ce village. »

J'ignore ce qu'a pu répondre le Chef de la topographie : pour beaucoup de personnes le cas eût été embarrassant ; mais, comme on le verra tout à l'heure, pour lui c'est différent ; si la vérité devient encombrante il dit autre chose, et je m'étonne que, dès cette époque, M. le Gouverneur général n'ait pas eu à me transmettre une solution découverte par cette féconde imagination dont il faut donner un spécimen pour montrer comment nos hauts fonctionnaires sont parfois renseignés par les chefs de service.

Notre premier Conseil municipal voulant organiser le cimetière et autres installations sur les $2^h\,58^a$, attenant à 2 lots de cinq hectares, désignés par le concessionnaire, figura rationnellement ses dispositions selon notre plan primitif au $\frac{1}{4{,}000}$. C'est alors seulement que M. le Préfet, dans sa lettre du 27 janvier 1887 (4 bureau, n° 1226), annonce à M. le Maire l'envoi de la réduction au $\frac{1}{10.000}$ qu'il décore du titre de plan de lotissement de Tipasa, bien que ses vices originels et autres apparaissent à cette première tentative d'utilisation.

M. le Préfet disait en effet :

« En vous adressant ce document je crois devoir

» appeler votre attention sur une différence constatée » dans la contenance superficielle des lots primitifs 56 » et 56bis et que vient de me signaler M. le Géomètre en » chef de la topographie.

» M. Pamart fait remarquer que ces lots indiqués à » l'**état de lotissement** déposé dans ses archives comme » ayant une étendue de **12^h 58^a** (1) ne renferment, d'après » les calculs vérifiés avec le plus grand soin, que **11^h 95^a**, » soit en moins **0^h 63^a**. »

Cette première discordance du plan au $\frac{1}{10.000}$ doit être notée ; mais j'appelle surtout l'attention sur les sincères données suivantes qui vont être reniées d'une façon vraiment éhontée par leur auteur :

« M. le Géomètre en chef ajoute qu'il lui **est assez** » **difficile** d'expliquer la différence signalée plus haut, » son service **ne possédant que la RÉDUCTION AU** » $\frac{1}{10.000}$ **du plan du projet de lotissement qui est resté** » **entre les mains de M. Demonchy. Ce lotissement, du** » **reste, n'a pas été établi par les soins de l'Adminis-** » **tration**, bien que cette dernière **ait autorisé un de ses** » **agents**, M. le Géomètre Péringuey, à en **dresser** le » projet pour le compte du concessionnaire, etc. »

Les constatations qui précèdent sont faites sans artifice parce que la réduction précitée ne nous étant pas connue encore, n'avait pu être combattue ; mais dès que la municipalité de Tipasa l'eut renvoyée avec une vive protestation, M. le Gouverneur général montre dans sa dépêche du 5 août à M. le Préfet (n° 4925) à quels moyens peut recourir un chef de service qui cherche à couvrir ses fautes ou celles de son service :

« M. le Géomètre en chef dit qu'il lui paraît résulter » de cette étude que le plan au $\frac{1}{10.000}$ est le seul plan

(1) 5 hectares pour le service du culte, 5 pour celui de l'instruction publique et 2^h 58^a pour le cimetière.

» qui ait été approuvé par arrêté ministériel du 14 dé-
» cembre 1860 et que **c'est celui qui A DU ÊTRE**
» **APPLIQUÉ sur le terrain !** »

Ce mélange de faits vrais et de choses absolument fausses est un **truc** ; M. Pamart pense que les uns feront passer les autres ; mais il faut surtout comparer les derniers à la vérité qui lui a échappé plus haut :

« Il est donc probable que le service topographique
» n'a jamais possédé de plan au $\frac{1}{4.000}$ et que celui qui
» est entre les mains de M. Trémaux **est une copie des**
» **plans sectionnaires sur lesquels on a pour l'agrément**
» **du concessionnaire, M. Demonchy, appliqué dans les**
» **bureaux les divisions des lots d'après le** $\frac{1}{10.000}$. **On**
» **ne peut expliquer d'une autre manière LES DIFFÉ-**
» **RENCES qui existent entre les deux plans**, etc. »

Ainsi, le chef de la topographie ne peut expliquer **les différences** et le gâchis dans lequel il cherche à nous plonger ; que par des allégations formellement démenties par les documents officiels comme par lui-même et, ce qui n'est pas moins exorbitant, c'est que nos Gouverneurs généraux paraissent accepter de telles divagations et se baser sur elles pour repousser nos plus légitimes réclamations ; c'est d'abord M. Tirman qui cite complaisamment et approuve ces insanités pour combattre les sérieux arguments de notre premier Maire de Tipasa ; c'est ensuite M. Cambon qui me les oppose en 1892, avec les conséquences que son prédécesseur avait cru pouvoir en tirer, et qui arrive à conclure, avec ces données burlesques, que mes démonstrations les mieux justifiées par le décret, sont des critiques mal fondées !

Bref, ce qui, malgré une signature ministérielle, n'était qu'une réduction infidèle du plan primitif le 27 janvier 1887, serait devenu à partir de la grossière inexactitude du 5 août suivant la seule production admissible !

Si de semblables prétentions étaient admises, quelle serait la valeur des décrets et quelle garantie nous offriraient-ils ?

J'ai sous la main le plan de lotissement au $\frac{1}{4,000}$ approuvé par M. le Préfet, appliqué sur le terrain et accepté par tous les colons; le plan du village, délimité en 1859, confirmé par M. le Gouverneur général et l'état de lotissement qui **les corrobore**, signé par tous les membres de la Commission de vérification. Le décret de concession est là aussi pour établir que le concessionnaire avait **seul** mission de dresser ces plans, et que ceux-ci **seuls** pouvaient être soumis à l'approbation de l'Administration; la signature ministérielle apposée sur d'autres n'a conséquemment pas de valeur, ni même de signification, car il n'appartient pas plus à un Ministre qu'à un Gouverneur de modifier un décret.

Devant une situation aussi nettement déterminée, est-il admissible que ces hauts fonctionnaires aient jamais eu l'intention d'annihiler le contrat intervenu entre l'État et le concessionnaire, contrat qu'ils ont simplement mission de faire respecter ?

Est-il possible que ce soient nos Gouverneurs généraux eux-mêmes qui basent leurs arguments sur des erreurs démontrées, afin de jeter la confusion sur nos propriétés et la discorde au milieu de nous ?

Par dépêches du 22 septembre et du 31 octobre 1892, signées de notre Gouverneur actuel, j'ai été invité à laisser là les termes du décret qui démontrent trop rigoureusement mes droits, pour entrer dans des considérations très secondaires. Puis-je croire que c'est l'honorable M. Cambon qui a imaginé de m'attendre ainsi, au coin d'un fouillis de détails préalablement manipulés, comme on l'a vu, par le chef de la Topographie, afin de pouvoir étouffer mes plus claires démonstrations sous un monceau d'inexactitudes ?

Assurément non ! Il n'est pas permis d'abaisser à ce

point des hommes de cette envergure, et on est amené à croire qu'ils sont, comme nous et comme nos intérêts, à la merci de sous-ordres d'une moralité peu développée. Mais à qui la faute si dans l'Administration algérienne c'est la queue qui dirige la tête, alors qu'il suffirait à celle-ci d'un peu d'énergie pour ramener tout au point?

Avant d'en finir avec cette longue énumération, que j'abrège autant que possible, je dois noter encore quelques faits récents.

IV

COMMENT L'ADMINISTRATION ALGÉRIENNE RESPECTE LA PROPRIÉTÉ

*Violation de propriété et d'un plan approuvé.— **Mutisme défensif.** — Défaut de contrôle.*

J'ai montré qu'aussi longtemps que l'Administration algérienne peut donner le change, elle fait appel aux arguties les plus hasardées ; mais s'il surgit un fait brutal, indéniable, elle a alors recours au mutisme ; une barrière semble s'être dressée entre elle et ses victimes.

Les faits suivants permettront d'apprécier cet étrange moyen de défense :

Divers services publics établissant sur mes terres, et sans autorisation, des ouvrages qui, en outre, contranchaient le plan de ville adopté, j'en écrivis, le 30 septembre 1886, à M. le Gouverneur général Tirman, croyant fermement qu'il se hâterait d'interdire de tels abus, mais je ne reçus pas même une réponse. J'écrivis de nouveau, sous plis recommandés, le 19 avril et le 26 décembre 1887, avec un égal insuccès.

Un aussi déplorable régime n'était pas de nature à ouvrir les yeux des coupables sur l'indignité de leur conduite, et, tout récemment encore, un agent placé sous les ordres de l'ingénieur en chef Godard établissait, à mon insu, un ouvrage à peu près inutile sur mon terrain et, comme toujours, en désaccord avec le plan adopté. Il m'avait semblé convenable de demander, en novembre 1893, la régularisation de cette affaire au dit chef de service; mais celui-ci, peu soucieux, paraît-il, des méfaits qui se commettent sous son égide, ne répondit pas!

Je m'adressai ensuite à M. le Préfet, sans être plus heureux; je pus même constater, pendant le Concours d'Alger, qu'on ne trouvait plus trace de ma protestation dans les bureaux. Avait-elle disparu accidentellement? Je le crus tout d'abord, car M. le Chef de cabinet insista pour que je lui en laisse copie. Toutefois, après plus d'un mois d'attente, craignant que la copie ne soit allée rejoindre l'original, je crus devoir écrire, le 31 mai, une lettre personnelle à M. Christian, qui m'annonça enfin que des propositions me seraient incessamment faites; mais je les attends encore.

Pour apprécier à sa valeur cet incroyable système administratif, il faut qu'on sache que dans les parages de cette dernière violation, je n'ai pas été moins obligeant qu'ailleurs et que j'ai favorisé de mon mieux tous les ouvrages qu'on y a régulièrement entrepris.

Sur la demande de M. l'ingénieur Dérotrie, j'ai donné, en 1866, l'emplacement du phare, et depuis cette époque, je loue à raison d'**un franc par an**, aux gardiens qui s'y sont succédé, la construction et les terrains avoisinant cet édifice; j'ai également donné, aux conditions stipulées dans la dépêche préfectorale du 13 novembre 1867 (3e bureau, n° 4218), l'emplacement du chemin du phare. Pour éviter toute entrave à l'Administration, j'ai, en outre, indemnisé moi-même un particulier dont la parcelle de terrain se trouvait deux fois coupée par le tracé des Ponts et Chaussées, et je venais enfin de procurer tous les remblais que nécessitait l'agrandissement du débarcadère, lorsqu'on s'est si brutalement installé sur mes terres! C'est une assez étrange façon de reconnaître mes bons offices.

Que les fonctionnaires actuels veuillent bien jeter les yeux sur la dépêche préfectorale citée plus haut, ils verront, une fois de plus, que si leurs prédécesseurs ne réalisaient pas à cette époque les promesses de l'État d'une manière satisfaisante, ils savaient du moins respecter les autres dispositions du décret, et n'avaient pas plus que le Domaine et les Ponts et Chaussées la moindre prétention sur les réserves éventuelles, ni à plus forte raison sur les futurs îlots de maisons qu'on se permet d'attaquer depuis quelque temps.

Cette question des réserves éventuelles très clairement établie au chapitre II avait fait l'objet d'un rapport que j'ai adressé le 9 novembre dernier à M. le Gouverneur général ; il n'est pas présumable qu'il en ait pris connaissance sans daigner répondre, car nos droits sur les réserves de la ville future ressortent avec une telle évidence, que tout honnête homme eût été indigné du rôle qu'on a fait jouer aux pouvoirs qui nous les contestent.

Si ce haut fonctionnaire est trop occupé pour lire entièrement ce chapitre, qu'il veuille bien voir d'abord ces deux lignes tirées du § 7 de l'exposé des motifs :

« **ELLE** (1) **NE LUI** (2) **IMPOSE que la construction** » **et le peuplement d'un centre agricole de 50 feux** » ;

Puis cette constatation du Conseil d'État : « ..., **il est** » **établi, par le texte même du décret, que les engage-** » **ments réciproques pris par l'État et par le conces-** » **sionnaire n'avaient en vue qu'un seul objet : l'éta-** » **blissement d'un village de 50 feux.** »

En tout six lignes; et il sera convaincu de la révoltante injustice de ceux qui prétendent m'imposer quatre fois plus de charges que le décret de concession n'en comporte.

Il comprendra aussi que c'est grâce à sa trop grande confiance, à un défaut de contrôle absolu que de semblables énormités peuvent se produire et comment tout

(1) L'Administration. — (2) M. Demonchy.

moyen de reconnaître et de réparer les fautes commises lui échappe.

Si l'Administration se figure que le jugement obtenu par elle la dispense de répondre, elle se trompe beaucoup ; c'est précisément parce qu'elle est parvenue à mettre le droit commun en flagrante contradiction avec le décret du 12 août, le Conseil d'État et les autres pouvoirs administratifs, qu'il importe de faire ressortir les causes de ce déplorable conflit, de sorte que son mutisme ne pourra qu'activer et rendre plus complet cet indispensable examen.

V

ARCHÉOLOGIE

Appréciation du Ministère de l'Instruction publique et de l'Administration algérienne

Ce dernier trait de notre Administration établirait à lui seul son peu d'à-propos et son manque d'équité :

Le but qu'on se proposait d'atteindre à Tipasa n'a pas permis de réserver ses monuments antiques du reste très ruinés, mais l'Administration n'ignorait pas que je faisais de grands efforts pour en dégager quelques-uns et y recueillir les objets intéressants, puisque diverses publications et bon nombre de hauts fonctionnaires m'ont souvent félicité de ces travaux.

C'est néanmoins dans ces conditions qu'elle imagina de faire classer, en mars 1887, de vastes espaces et plusieurs monuments, mesure qui aurait rendu inapplicable le plan de la ville qu'elle avait elle-même approuvé, si M. le Ministre de l'Instruction publique et des Beaux-Arts, reconnaissant que mes objections étaient parfaitement fondées, n'avait complètement rapporté ce classement, par arrêté du 18 août suivant.

J'espérais qu'en présence de cet acte d'équité, l'Administration algérienne s'abstiendrait d'élever de nouvelles prétentions sur nos ruines, lorsque le mois dernier un des hauts fonctionnaires de la Préfecture, entrant dans mon salon, me dit sans préambule et assez brusquement : **« Je viens PRENDRE possession des inscriptions! »**

Comment **prendre ?** J'ai fait, depuis 33 ans, des milliers de mètres cubes de déblaiements pour déterminer le plan des cités antiques et romaines, pour donner à nos ruines un relief plus satisfaisant et pour constituer un musée avec mes découvertes et mes **achats**. Afin de favoriser les études archéologiques et accroître mes documents, j'ai autorisé quelques fouilles à la condition que vos chercheurs me dédommageraient des bouleversements subis en me laissant les objets découverts. Pendant tout ce temps, j'ai accordé la liberté la plus entière aux visiteurs ; chacun a pu profiter des dépenses considérables que j'ai faites, et c'est alors que vous viendriez, chez moi, simplement **prendre** possession quand vous laissez paisiblement jouir ceux qui réservent pour eux seuls et quelques rares amis les documents qu'ils possèdent ?

Prendre, ce serait commode et peu coûteux ; il n'y a vraiment que l'Administration algérienne pour chercher à reconnaître ainsi les services rendus !

Ce ne sont pas nos anciens et éminents antiquaires qui ont pu conseiller des mesures aussi compromettantes pour l'avenir archéologique de l'Algérie ; ils sont justes et ils savent trop bien, du reste, que de tels procédés seraient la ruine de la science qu'ils professent. Ce conseil ne peut venir que de jeunes autoritaires au moins aussi maladroits qu'instruits. Car, enfin, où trouverait-on, sous l'influence d'un aussi décourageant régime, des propriétaires sacrifiant leur temps, leur argent ou même permettant seulement de bouleverser les terres qui leur appartiennent en propre, persuadés qu'ils auront ensuite à compter avec les pernicieuses prétentions de ces jeunes gens ?

Bien que je quitte volontiers toutes mes occupations pour accompagner et renseigner le plus modeste antiquaire, je dois avouer que sa science n'est pas ma seule préoccupation ; Tipasa est aussi en cause ; condamné à végéter plus ou moins de temps par suite d'agissements indignes d'une Administration qui se respecte, je cherche du moins à le rendre aussi intéressant qu'il est sain et pittoresque.

Ce n'est pas le Ministère de l'instruction publique qui empêchera cette faible atténuation du préjudice qui nous a été porté ; il a montré, au contraire, qu'il ne serait pas juste d'entraver l'œuvre entreprise à Tipasa. Mais notre Administration ne se place malheureusement pas à la même hauteur pour apprécier ; elle semble surtout disposée à décourager et à annihiler les meilleures intentions ; pensant peut-être que j'avais attribué à sa déclaration sans portée, la valeur d'un arrêté de classement, elle a envoyé ici des hommes qui, en pénétrant sur ma propriété, prétendaient n'avoir aucun compte à me rendre, étant autorisés, disaient-ils, par M. le Gouverneur général, à enlever des portions de mosaïques qui font partie intégrante d'un monument qui m'appartient et qui est situé à 360 mètres de la voie la plus rapprochée ! On voit que ces messieurs n'admettent pas, comme Henri IV, que « Charbonnier est maître chez lui », et j'ai dû leur montrer que pour les honnêtes républicains, c'était bien toujours le même principe qui était en vigueur.

Malgré la promesse formelle de me laisser les objets découverts à titre de dédommagement, j'aurais compris que l'Administration me proposât un autre arrangement, mais je ne m'explique pas qu'elle m'ait mis aux prises avec des gens susceptibles de s'imposer chez autrui d'une façon aussi brutale ; puis, avec un Maire qui a tenté d'agir avec plus d'inconvenance encore. Si j'avais toléré cette dernière intervention, que rien ne justifiait, c'eût été admettre celle de tous les Maires futurs de Tipasa sur ma propriété. Or si on en juge d'après les procédés d'un des plus ferrés que ce centre a eu l'honneur de posséder, on est amené à reconnaître qu'il me serait impossible d'autoriser de nouvelles fouilles, ni même de continuer mes propres travaux sans m'exposer à être molesté de la plus indigne façon.

Avant de conclure, qu'il me soit permis de faire ici une comparaison qui a sa valeur.

J'ai avec l'État un contrat précis qui ne devrait donner lieu à aucune ambiguïté, et l'Administration algérienne passe son temps à me contester les dispositions les mieux établies.

J'ai, d'autre part, de 70 à 80 familles européennes et indigènes défrichant et cultivant pour moi sans aucun bail, sur simples conventions verbales, qui ne donnent, pour ainsi dire, jamais lieu à la moindre contestation. Les défricheurs à part, toutes ces familles sont à terme chaque année et cependant la plus grande partie date de mon arrivée ici et va recommencer la 34e année ; bon nombre sont représentées par les fils et quelques-unes par les veuves et les petits-fils !

Qu'en pensent les fonctionnaires et les détracteurs des Algériens ?

Je dois ajouter pour calmer les envieux, si cette triste affection se calme jamais, que le long concours et la bonne foi, qui font si grand honneur à nos travailleurs, ne pouvaient, hélas, empêcher à des terres couvertes de palmiers et de broussailles de coûter fort cher. Les grandes dépenses de première installation faites, il a fallu annuellement, pendant 30 ans, faire venir de France de 10 à 20 mille francs pour équilibrer les dépenses qui ont, en Algérie, une certaine analogie avec les têtes de l'hydre et ce n'est que grâce à une extrême prudence que mon fragile échafaudage n'a pas croulé comme tant d'autres.

En résumé :

J'ai montré d'une façon indéniable le mauvais vouloir de l'Administration algérienne, les entraves incessantes qu'elle oppose à l'initiative privée dont toutes les colonies ont si grand besoin ; les moyens peu délicats qu'elle met en œuvre pour faire prévaloir ses plus injustes prétentions, et enfin les aveugles adhésions que nos Gouverneurs donnent à des errements que doit réprouver une nation loyale comme la nôtre.

J'ai montré aussi dans quelles conditions et comment certaines juridictions ont accueilli mes démonstrations les plus rigoureuses et cela ne semble malheureusement pas être un fait isolé :

On soutient l'Administration, me disait un défenseur, c'est un courant d'idées ! Elle gagne ses procès huit fois sur dix, m'assurait M. Tirman vers la même époque !

La conclusion à tirer de là est donc toute indiquée, la prudence la plus élémentaire l'impose ; il faut assurer à notre magistrature l'indépendance la plus complète, il faut qu'elle n'ait rien à attendre ni à redouter de notre Gouvernement.

Il faut encore, comme complément, que chaque fonctionnaire soit, dans une certaine mesure, responsable de ses actes et que les contribuables ne soient pas seuls chargés de payer ses bévues ou ses caprices.

C'est alors que prendra fin l'arbitraire administratif et que les engagements de l'État nous offriront de sérieuses garanties.

Mais, en attendant ces utiles modifications, notre Gouverneur général doit exercer l'indispensable contrôle de son administration dans ses rapports avec nous; c'est un devoir sacré pour lui, car c'est le seul moyen d'assurer l'ordre et la justice là où règne la plus inique confusion.

Personne ne saurait lui demander un contrôle purement personnel, cela n'est possible que par intervalles; mais ce que nous pouvons lui réclamer, ce qu'il nous doit, c'est de prescrire à tous ses subordonnés d'observer la plus rigoureuse exactitude dans l'exposé des faits, en leur annonçant qu'il ne protégera, désormais, que ceux « qui s'inspirent des sentiments élevés d'ordre, de justice et de scrupuleuse équité. »

Pour assurer l'exécution de ses prescriptions notre Gouverneur devra naturellement s'entourer de quelques contrôleurs instruits et d'une intégrité notoire, qui pourront, au besoin, entendre les parties en cause avant de demander à leur chef unique, l'admission d'une affaire ou son renvoi, avec blâme ou simples conseils, selon le cas, au fonctionnaire qui l'a traitée.

Je ne pense pas m'abuser, j'ai du moins la ferme conviction que cette mesure, d'apparence modeste, convenablement appliquée, aurait sur la colonisation une influence considérable et sur l'Administration un effet des plus salutaires; en élevant rapidement son niveau moral, elle arriverait sûrement à une hauteur qu'elle n'atteindra jamais sous l'influence du faux point d'honneur qui la dirige.

A elle de voir si elle doit tomber sous l'aversion de

tous ou mériter la confiance, la considération et le respect universels.

J'espère, en tous cas, que M. Cambon comprendra que pour nous colons, qui traitons sans difficulté des affaires importantes sur parole, il faut absolument que nous puissions compter sur les écrits de notre Gouvernement et que, loin de persister dans ses injustes prétentions, l'Administration doit réparer, dans la mesure du possible, les torts contre lesquels je proteste.

TABLE

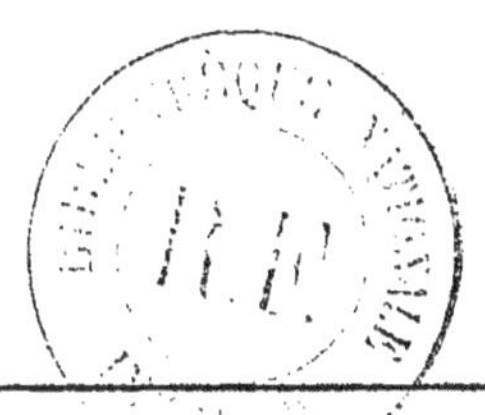

ALGER. — TYPOGRAPHIE ADOLPHE JOURDAN.

63

ALGER. — TYPOGRAPHIE ADOLPHE JOURDAN.

www.ingramcontent.com/pod-product-compliance
Lightning Source LLC
LaVergne TN
LVHW010103230826
846091LV00005B/2066
* 9 7 8 2 0 1 2 4 7 3 4 3 0 *